AF460315

CODE CIVIL,

AVEC

L'ANALYSE DES DISCUSSIONS,

FAISANT SUITE

A L'ANALYSE

DES OBSERVATIONS DES TRIBUNAUX,

SUR LE PROJET.

Même format, un vol. *in*-4°., beau papier.

A PARIS.

AN 10 DE LA RÉPUBLIQUE.

PROLOGUE

DE L'ÉDITEUR.

DANS tous les tems, les gouvernemens sages ont cherchés à simplifier la législation dans leurs États; s'ils n'ont pas toujours réussis, leurs efforts mêmes n'ont pas été sans utilité pour les peuples.

Sans doute, on aime à reporter quelquefois sa pensée derrière soi, à jeter un coup-d'œil rapide et philosophique sur les siècles qui nous ont précédés, pour mieux apprécier les tems présens; les lois par lesquelles on est gouverné, et celles même qui se préparent. Nous n'avancerons rien qui ne soit attesté par l'histoire, ou plutôt, nous ne voulons qu'en donner l'extrait fidèle.

L'Empire romain ne fut pas plutôt partagé entre *Dioclétien* et *Maximien*, et entre deux *Césars*, que ce grand corps, qui était gouverné par le même esprit, se désunit par des guerres civiles, et s'écroula bientôt avec un horrible fracas. Tout l'Occident est à l'abandon: l'Afrique est occupée par les *Vandales*, l'Espagne par les *Wisigoths*, la Gaule par les *Francs*, la Grande-Bretagne par les *Saxons*, Rome, et l'Italie même, par les *Hérules*, et ensuite par les *Ostrogoths*. Les empereurs romains, qui avaient presque assujettis l'Univers, sont trop heureux de se renfermer dans l'*Orient*.

Tous ces peuples venaient de la *Germanie*.

Il y avait cinq cents ans que les Gaulois vivaient sous la domination romaine, lorsque, vers l'an 458, les Francs, *Mérouë* à leur tête, les subjuguèrent. Or, depuis long-tems, la langue, les lois et les mœurs romaines étaient devenues celles des Gaulois. Ire RACE.

A

Le *Code Théodosien*, publié dès l'an 435, se conserva le plus longtems dans les Gaules après la ruine de l'empire d'Occident. *Justinien* ne publia le sien avec le Digeste, pour les pays où il commandait, qu'environ cent ans après l'entrée des Francs dans les Gaules.

« Il ne faut pas douter, dit *Montesquieu*, que les nations Germaines, n'aient conservé dans leurs conquêtes les mœurs, les » inclinations, les usages qu'ils avaient apportés de leurs pays. »

Or, *Tacite* les dépeint d'un seul trait, lorsqu'il dit : « Vous leur » persuaderiez bien moins de labourer la terre, que d'appeler » l'ennemi, et de recevoir des blessures ; ils n'acquièrent pas, par » la sueur, ce qu'ils peuvent obtenir par le sang. »

Aussi ces peuples faisaient horreur aux Romains ; ils étaient, à leurs yeux, ce que sont à notre égard les Cosaques et les Tartares. Il fallut cependant rédiger leurs lois, ou plutôt leurs usages ; des Romains le firent en latin.

La loi la plus ancienne, celle des *Wisigoths*, qui occupaient l'Espagne, et dans les Gaules une grande partie de l'Aquitaine, fut rédigée sous leur roi *Evarix*, en 466.

La loi des *Ostrogoths* est un Édit de Théodoric, qui les gouvernait en Italie.

La loi des *Bourguignons*, dite *Gombette*, parce qu'elle fut réformée par *Gondebaud*, l'un de leurs rois, fut publiée à Lyon le 29 mars 501.

La loi *Salique* fut faite sous Childebert et Clotaire, enfans de Clovis.

La loi des *Ripuaires*, qui n'est pour ainsi dire qu'une répétition de la loi Salique, fut rédigée à Châlons-sur-Marne, par Théodoric, avec celle des Allemands et des Bavarois, tous peuples de son obéissance. Ces lois Salique et Ripuaires étaient proprement les lois des Francs; la première pour ceux qui habitaient la Loire et la Meuse; l'autre, pour ceux d'entre la Meuse et le Rhin.

Voilà ce qu'on appelle le Code des lois des Barbares, dans les Gaules, qui se rapporte à notre France, outre celles des Saxons, des Anglais, des Grisons, des Lombards et de l'Illirie, c'est-à-dire des royaumes de Naples et de Sicile; elles furent écrites par autorité publique, et approuvées par les rois et par les peuples, ou du moins, par les principaux qui les acceptaient au nom de la nation.

Les principales matières de ces lois, sont le vol, le meurtre, les injures, les violences. Ce qui regarde les successions et les contrats, y est traité succinctement. Dans les lois des peuples nouvellement domptés et convertis, comme des Allemands, des Saxons, des Bavarois, il y a des peines particulières contre les rébelles et les sacriléges.

On voit dans ces lois la forme des jugemens; ils se rendaient dans de grandes assemblées, où toutes les personnes de distinction étaient contraintes de se trouver sous de certaines peines, comme il parait par la loi des Bavarois. Pour les preuves, ils se servaient plus de témoins que de titres; et même dans les commencemens, ils n'avaient aucun usage de l'écriture. Faute de preuves, ils employaient le combat ou faisaient des épreuves. Le combat était un duel en champ-clos, qui se faisait de l'ordonnance des juges, ou par les parties elles-mêmes, ou par leurs champions. Les épreuves se faisaient diversement (1). Ces manières de juger, qui

(1) 1°. Par l'eau bouillante, où l'accusé devait mettre le bras jusqu'à certaines mesures. 2°. Par l'eau froide, où il était plongé, pour voir s'il irait au fond. 3°. Quelquefois par le feu, où l'on faisait rougir un fer que l'accusé était tenu de porter de la main nue, le long d'un cer-

se conservèrent pendant plusieurs siècles, passaient pour si légitimes, qu'elles étaient appelées *jugement de Dieu*. La simplicité de ces tems-là faisait croire que Dieu devait faire des miracles pour découvrir l'innocence. Ils n'avaient rien trouvés de plus commode que cette espèce de sort, pour se déterminer dans les affaires obscures où leur prudence était à bout; c'est ce que les canons appellent *purgation vulgaire*, toujours condamnée par l'Eglise romaine, nonobstant la force d'un usage presque universel.

La qualité des peines que prononcent ces lois, est remarquable. Pour la plupart des crimes, elles n'ordonnent que des amendes pécuniaires, ou des coups de fouet pour ceux qui n'avaient pas de quoi payer; les crimes d'état seulement étaient punis de mort (1).

Ces lois étaient peu propres à redresser les peuples brutaux pour

---

tain espace; après quoi on lui enveloppait la main et on y mettait un sceau, pour voir, après quelques jours, l'effet du feu. 4°. Pour les prévenus de vol, on leur donnait un morceau de pain d'orge et de fromage de brebis; et lorsqu'ils ne pouvaient avaler ce morceau, ils étaient réputés coupables. (*Voyez* le Supplément de Moréry, de 1735, au mot *épreuves*.)

(1) Le tarif des peines, ou dommages et intérêts, est d'une exactitude surprenante. Il y en a cent soixante-quatre articles dans la seule loi des *Grisons*. C'est proprement *un tarif* de blessures, avec l'énumération de toutes les parties du corps humain, et de celles que l'on eût dû se dispenser de nommer; de toutes les manières dont chaque partie peut être offensée, et les mesures de chaque plaie. Par exemple, on taxe en autant d'articles différens, une main coupée, quatre doigts, trois doigts, un doigt, et on distingue si c'est le pouce, l'index, ainsi des autres, même en chaque doigt, on distingue les jointures. On observe si la partie a été tout-à-fait coupée, ou si elle tient encore; et si c'est seulement une plaie, on en exprime la longueur, la largeur, la profondeur. On taxe, en particulier, le coup qui a fait tomber un os de la tête; mais cet os n'était pas une petite esquille du crâne; il fallait qu'il pût faire sonner un bouclier, dans lequel il serait jeté au travers d'un chemin de douze pas.

Ripuair. tit. 7, de osse sup. viam son.

Les injures de paroles sont taxées avec la même exactitude, et l'on y peut voir celles qui passaient alors pour offensantes.

Il est encore parlé de celui qui empêche un autre de passer dans un chemin; de celui qui dépouille une femme pour lui faire injure; de celui qui déterre un mort pour le dépouiller; de celui qui écorche un cheval. Enfin, il y a des titres particuliers pour les larcins de toutes sortes de bêtes, jusqu'aux chiens, dont on distingue les différentes espèces.

(*L. Allaman. titre LX; Rengobard, titre CV.*)

qui elles étaient faites; elles consacraient, au contraire, des usages bizarres qu'avait enfanté la plus honteuse ignorance, la plus grande dépravation; et parce qu'elles contrastaient sensiblement avec les lois romaines, dictées par une raison éclairée, et des mœurs plus douces, la distinction dans la langue, les habits et les coutumes des deux peuples, semble avoir durée en France pendant les deux premières races des rois.

Ce ne fut pas, il est vrai, sans quelques modifications; peu-à-peu les Francs imitèrent les mœurs romaines, et se convertirent au christianisme: alors, ils révéraient les évêques et les prêtres qu'ils admiraient d'abord comme des savans. La loi *Gothique* fut augmentée et divisée en XII liv.; ensuite le roi *Egica*, qui régna en Espagne, jusqu'en 701, la fit confirmer par les évêques, au 16e Concile de *Tolède*, tenu l'an 693. Cette loi, qu'on avait assortie à la loi romaine, était la plus belle comme la plus ample de toutes celles des Barbares; et l'on y trouve l'ordre judiciaire qui s'observait du tems de *Justinien*, bien mieux que dans le Code de *Justinien* même: c'est le fond du droit d'Espagne, qui s'est conservé en Languedoc longtems après que les Goths ont cessés d'y commander, comme il parait par le second Concile de Troyes, tenu par le pape Jean VIII, en 878.

Pour la loi Salique, entrée comme la loi Gombette, et celle des Allemands et des Bavarois, dans la composition du droit Français, elles furent réformées et augmentées d'abord par *Childebert* et *Clotaire*, des Décrets des assemblées solennelles des premiers jours de mars, puis par *Dagobert*, qui les renouvela, par le travail de quatre doctes personnes de ce tems-là, *Claude*, *Chaude*, *Idomagne* et *Agilulfe*.

Les choses étaient en cet état lorsque Charlemagne, chef de la seconde race, réunit sous son empire toutes les conquêtes des Francs, des Bourguignons, des Goths, des Lombards, qu'il laissa IIme RACE.

vivre, selon leurs lois, c'est-à-dire, les Francs, par la loi Salique; les Bourguignons par la loi Gombette; les Goths, par la loi Gothique, si ce n'est que tous pouvaient recourir à la loi Romaine, que suivaient les autres peuples, pour les cas non-prévus par leurs lois particulières; de sorte qu'il semble que le droit romain faisait leur droit commun.

Charlemagne fit écrire, en 788, le Code *Théodosien*; et en 798, il ajouta plusieurs articles à la loi Salique.

En 803, Louis-le-Débonnaire, son fils, y fit plusieurs additions, et y joignit les *Capitulaires* ou lois générales de la monarchie.

Ces lois se formaient, chaque année, dans une grande assemblée d'évêques, d'abbés et de comtes; et les Francs y étaient admis. Le roi proposait les matières et décidait, après la délibération libre de l'assemblée; et les chapitres réunis faisaient ce qu'on appelle les *Capitulaires*; la plupart sont de Charlemagne, de Louis-le-Débonnaire. L'autorité de ces lois était grande; elles furent observées par-tout l'Empire français, et presque de toute l'Europe, durant le règne de Charlemagne, de Louis-le-Débonnaire et de ses enfans. Le droit Français, sous la seconde race, consistait donc dans l'observation des *Capitulaires*, de la loi Salique, des autres lois de chaque nation, et sur-tout dans la loi Romaine, qui fut toujours maintenue par les rois, et expressément par Charles-le-Chauve, par un article des Capitulaires.

D'autre part, l'utilité reconnue des *arbitrages* déférés aux évêques, même sous l'Empire romain, par une loi du Code *Théodosien*, en maintint l'observance, non-seulement pour les Romains, mais encore pour les Barbares, qu'ils faisaient souvent trembler, en les menaçant seulement de la colère de S. Martin.

Voilà ce qu'on appelle l'ancien droit Français qui se fût soutenu, et vraisemblablement amélioré, sans le renversement de toutes choses dans le 10e et 11e siècle, qui est le tems le plus ténébreux de notre histoire.

IIIme RACE.

Désordres 10me et 11me siècles.

L'anarchie et une confusion universelle, commencèrent par la division des enfans de Louis-le-Débonnaire, puis par les ravages des Hongrois et des Normands, qui achevèrent d'éteindre le peu qui restait des manières romaines. De-là les guerres particulières très-fréquentes alors entre les ducs et les comtes, et tous ceux qui pouvaient défendre leurs retraites: tout le monde, jusqu'aux évêques, les prêtres et les moines, se tenaient armés pour se garantir du pillage; ces petites guerres tenaient beaucoup des anciennes mœurs des Barbares; car outre le duel, pour décider les cas obscurs, un droit appelé *faide*, qui dérivait de leurs lois, permettait aux parens de celui qui avait été assassiné, de tuer le meurtrier quand il n'avait pas satisfait à la peine pécuniaire, appelée *composition.*

Pendant ces désordres, l'ignorance et l'injustice abolirent insensiblement les anciennes lois qui, à force d'être méprisées demeurèrent inconnues.

Ainsi, les Français retombèrent dans un état approchant de celui des Barbares, qui n'avaient point encore de lois ni de police; la tradition de tous les crimes s'était conservée; on peut même dire qu'ils avaient la férocité de leurs pères, mais non la simplicité et l'innocence.

Malgré cette confusion, il y avait quelque forme de justice. Les gens du peuple, appelés *roturiers*, étaient jugés par les *nobles*, ou *chevaliers*, ou autres personnes audacieuses, qui s'emparèrent de la puissance publique, et qui avaient déjà, par le droit de leurs charges, l'exercice de la juridiction. Ils faisaient la guerre, et levaient des impôts; ils jugeaient souverainement : la France était pleine de cerfs qui faisaient partie de la Glèbe. Les peines des crimes et délits étaient cruelles; on crévait les yeux, on coupait un pied, une main; d'où vient qu'il est si souvent parlé dans l'histoire du tems, de mutilation de membres.

Les *chevaliers* et *châtelains* étaient jugés par leurs pairs, formant la cour du *comte*, qui présidait aux jugemens; comme aussi les comtes par leurs pairs, formant la cour des *ducs* ou *marquis*. Cette subordination remontait jusqu'au roi, qui avait également sa cour composée des pairs de France, ses vassaux.

Mais, dans cet état de choses, cet ordre était presque nul; et il y a exemples que le roi lui-même a été contraint de marcher contre ses vassaux, en révoltes ouvertes.

Les fiefs, qui auparavant n'etaient que des bénéfices à vie, devinrent perpétuels et héréditaires; et c'est à ces tems d'anarchie qu'il faut attribuer l'origine des droits seigneuriaux, dont la plupart attestaient la servitude et la violence.

La France était dans ce déplorable état, quand on recommença l'étude du droit romain, non pas d'après le Code Théodosien (édition de Charl. et d'Alaric), qui demeura dans l'oubli jusqu'en 1528, qu'il fut imprimé sur trois manuscrits trouvés en Allemagne; mais d'après le Code de Justinien, jusques-là peu connu parmi nous, mais seulement en Grèce, où les empereurs s'étaient retirés, dans la Romagne et dans le royaume de Naples, qui obéissaient aux romains.

Vers l'an 1128, ce droit fut enseigné publiquement à Boulogne en Lombardie par *Irnier* ou *Warnier*, qui l'avait étudié à Constantinople. Mais alors peu de personnes suivaient la loi romaine; car il eût fallu s'avouer romain; et comme les rois saxons, reconnus empereurs, commandaient à la Lombardie et à la Toscane, qui disait un romain (dit *Luitpond*, qui vivait au 10e siècle), disait un homme sans foi, sans courage, sans honneur.

Cet obstacle ne pouvait point retenir caché la science d'un Code que six siècles n'avaient pu anéantir, qui devait bientôt vaincre tous les obstacles, et tuer l'ignorance. Un manuscrit du *Digeste* est

est trouvé dans le pillage lors de la prise de la ville d'Amalie en Pouille, en 1137, par l'empereur Lotaire et le pape Innocent II.

Cette découverte réveilla l'étude du droit de Justinien; et, dès ce tems, on l'enseigna publiquement à Montpellier et à Toulouse, avant l'érection des Universités. Mais une décrétale du pape Honorius III le défendit à Paris et lieux voisins, sous le prétexte qu'en France les laïcs suivaient leurs coutumes, et que les causes ecclésiastiques se décidaient par les lois canoniques; de sorte que jusqu'en 1676, il ne parut point de professeur de droit civil en l'Université de Paris.

Le droit romain ne fut pas moins considéré comme loi en France, dans le Languedoc, la Provence, le Dauphiné, le Lyonnais, où il avait jeté de plus profondes racines; et dans les autres pays de la France, les coutumes ont prévalu, d'où l'on peut inférer, que dès-lors on distinguait les pays coutumiers (sans qu'il y ait des coutumes écrites), des pays de droit écrit.

Abusant de ce droit, qu'on entendait mal, on commença en 1250, à charger les actes d'une foule de clauses inutiles et prolixes; on ne se servait plus que de ceux qui avaient étudiés le droit, soit pour plaider, soit pour juger; depuis, on a cessé de lire, même d'alléguer les anciennes lois des barbares.

Mais les coutumes, alors non écrites, apportaient beaucoup d'embarras dans l'instruction et le jugement des affaires, lorsque les provinces se trouvèrent réunies sous l'obéissance d'un roi, et que les appellations au parlement devinrent fréquentes. Comme ces Cours de justices ne pouvaient pas connaître toutes les coutumes particulières, les questions de droit se réduisaient en fait, qu'il fallait éclaircir par des enquêtes par *Turbes*, fort incommodes pour la dépense, les longueurs, et fort peu sûres par la facilité de corrompre les témoins; ce qui rendait la jurisprudence ingrate, puisque tel homme qui s'était donné la peine d'apprendre le droit écrit, voyait renverser toutes ses autorités, par la simple allégation d'une coutume contraire, et souvent fausse.

Rédaction préparatoire des coutumes

De-là, la nécessité parfaitement sentie, d'écrire les coutumes.

Sans parler des usages de Barcelone, rédigés en 1060, par l'autorité du comte Raymond-Bérenger-le-Vieux, ni des anciens *fors* de Béarn, confirmés en 1088 par le vicomte Gaston IV, ni des anciennes coutumes des Anglais-saxons et danois, écrites en 1080, sous Guillaume-le-Bâtard, par l'archevêque d'Yorck et l'évêque de Londres, ni des usages anciens des Lombards composés vers l'an 1150 par des consuls de Milan, ni même du Miroir du droit de Saxe, ou *Sochs-senspiegel*, le plus ancien original du droit d'Allemagne; quoiqu'il n'ait été écrit qu'en 1220; sans parler, disons nous, de ces coutumes, donnons quelques détails sur celles rédigées pour la France vers le même tems.

On en distingue de trois sortes :

Les Chartes particulières des villes;

Les Coutumes des provinces;

Les Traités des praticiens.

Et d'abord la plus ancienne de ces chartes, est celle de la commune de Beauvoisis, donnée par Louis-le-Jeune en 1144, concernant la jurisdiction du maire et des pairs, et confirmative de droits déjà accordés par Louis-le-Gros.

Pareille charte du droit de commune à la ville d'Abbeville, par Jean II, en 1184.

Une autre de 1173, par Henri, premier roi d'Angleterre, qui permet aux habitans de Bordeaux d'élire un maire.

Celle de 1187, par Hugues, duc de Bourgogne, qui accorde le

même droit de commune aux habitans de Dijon, et plusieurs autres de ce genre qu'on pourrait rapporter.

On met de ce rang, l'établissement fait à Rouen en 1205, entre les clercs et les barons de Normandie, qui contient plusieurs coutumes touchant la jurisdiction ecclésiastique. 2° La charte de Rouen, donnée par Philippe-Auguste en 1207, confirmative des anciens droits et priviléges de cette ville.

2°. Les *Coutumes* qu'on rédigea, sont les anciennes coutumes de *Champagne*, publiées par *Pithou*; 2° celles de *Bourgogne*, qui se trouvent dans le recueil de *Dupeyrat;* 3° les coutumes notoires du *Châtelet*, publiées par *Brodeau*, qui sont la plupart des résultats d'enquêtes par Turbes, faites depuis l'an 1300, jusqu'en 1384; 4° l'ancienne coutume de *Normandie;* 5° celle d'*Anjou;* 6° les anciens usages d'*Amiens*, et plusieurs autres qui se trouvent encore en manuscrits.

Mais les plus considérables, sont les *Etablissemens de Saint-Louis*, de 1270, donnés par *M. Ducange;* ils contiennent les coutumes de Paris, d'Orléans et d'Anjou d'alors. Il est dit dans la Préface qu'ils sont faits *pour confirmer les bons usages et les anciennes coutumes*, *avec quelques corrections tirées des lois et des canons.*

3°. Les *Traités* des praticiens contiennent les mêmes choses, si bien qu'ils peuvent passer pour les originaux de nos coutumes.

Ces ouvrages sont : 1° *Le Conseil de Pierre de Fontaines*, donné par M. Ducange; 2° *le Livre à la Reine-Blanche*, que l'on croit être du même auteur; 3° *les Coutumes de Beauvoisis*, de Philippe de Beaumanoir, en 1285; 4° *la Somme rurale* de Bouteiller; 5° *le grand Coutumier*, composé sous Charles VI; 6° et *les Décisions de Jean de Mates*, que Brodeau a publiées avec les *Coutumes notoires.*

Rédaction solennelle des coutumes.

Tout cela devait être la matière des cahiers, dressés pour la rédaction solennelle des coutumes, parce que tout cela était, ou sans autorité, ou trop ancien, ou trop succinct.

Charles VII, après avoir chassé les Anglais de toute la France, entreprend une réformation générale, et fait une grande Ordonnance de 124 articles, datée de Montil-les-Tours, en 1453 : le dernier article porte : Que *toutes les coutumes seront écrites et accordées par les praticiens de chaque pays; puis examinées et autorisées comme lois uniques*, par le grand-conseil et par le parlement.

Livre V des lois.

Dumoulin dit, que le dessein était d'amasser toutes les coutumes ensembles, pour n'en faire qu'une loi générale. *Platon* pensait ainsi, lorsqu'il disait que, comme les États ont été formés de plusieurs familles jointes ensembles, les lois ont été composées des coutumes de ces familles, entre lesquelles quelque sage a choisi les plus raisonnables pour les rendre communes à tout l'État. C'est aussi ce que *Philippe de Commines* semble prouver, lorsqu'il dit que Louis XI desirait fort qu'on usât en son royaume d'une coutume, d'un poids, d'une mesure.

Esprit des lois, liv. III, p. 379 et suiv.

Sur cela *Montesquieu* tient un singulier raisonnement.

Selon lui « le *Code des établissemens de Saint-Louis* n'a pas été » fait pour servir de loi à tout le royaume, quoique la Préface » dise le contraire ; cette compilation, dit-il, est un *Code général* » qui statue sur toutes les affaires civiles et de police; *un corps » entier de jurisprudence sur tous les cas, et sur tous les points du » droit civil*, un mêlange du droit français et du droit romain. Mais, » ajoute-t-il, faire une coutume générale de toutes les coutumes » particulières, serait une chose inconsidérée, même dans ce tems- » ci, où les princes ne trouvent par-tout que de l'obéissance........ » Or, si l'on fait attention à l'état où était pour lors le royaume, où » chacun s'enivrait de l'idée de sa souveraineté et de sa puissance, » on voit bien qu'entreprendre de changer par-tout les lois et les » usages reçus, c'était une chose qui ne pouvait venir dans l'esprit » de ceux qui gouvernaient. »

Il est évident qu'en disant ce qu'est le *Code des établissemens*,

Montesquieu prouve le contraire de ce qu'il voudrait prouver; mais il émet une opinion trop contraire à la nature des choses pour trouver des partisans.

Quoi qu'il en soit, cette hérésie politique n'a eu jusqu'ici que trop de réalité; on fit la rédaction des coutumes simplement, et non la refonte, l'amalgame des coutumes en une seule; et encore n'a-t-elle été achevée que plus de cent ans après la mort de Charles VII.

La plus ancienne, est la coutume de Ponthieu, de 1495, sous Charles VIII.

Coutume de Ponthieu, 1495.

Il y en eut plusieurs sous Louis XII.

Depuis l'an 1507, on continua, à diverses reprises, sous François Ier et sous Henri II; et il s'en trouva encore quelques-unes à rédiger sous Charles IX.

Ces coutumes furent au nombre de 285, dont 60 principales pour la France.

Quel dédale effrayant pour les juges, pour les jurisconsultes! Que de ressources à la chicane, sur-tout à la vue de cette grande question agitée par les savans, et non encore décidée, de savoir si, le *droit écrit* fait le droit commun en pays coutumier, pour les cas non prévus par les coutumes! Quel fond de réflexions pour les législateurs!

On s'apperçut, vers l'an 1580, qu'il était arrivé beaucoup de changemens depuis la rédaction des coutumes qui, d'ailleurs, renfermaient des omissions essentielles; et on réforma Paris, Orléans, Amiens, avec les mêmes cérémonies des premières rédactions. Les voici :

Réformation des coutumes de Paris, Orléans et Amiens, 1580.

Le roi donnait des lettres-patentes, en vertu desquelles s'assemblaient par députés les trois États de la province.

Dans la première assemblée on ordonnait à tous les juges royaux, aux greffiers, aux maires et échevins des villes, d'envoyer les mémoires des coutumes, des usages, des styles qu'ils auraient vu pratiquer de tous tems. Les États choisissaient quelques notables pour mettre ces mémoires en ordre et en composer un seul cahier. Ensuite on lisait ce cahier dans l'assemblée des États pour examiner si les coutumes étaient telles qu'on les avaient rédigées pour en accorder les articles ou les changer; et on les envoyaient au parlement pour y être enregistrées.

Ainsi les *cahiers* étaient l'ouvrage des Praticiens de chaque siége, et on ne pouvait guère penser à l'arrangement, ni au style, ni même au fond de la matière lorsqu'on lisait ces cahiers dans les assemblées.

Arrêts des Cours souveraines.

Avant la rédaction des coutumes, il n'y avait point de meilleure preuve de l'*usage reçu*, qu'un grand nombre d'Arrêts conformes; d'où vient qu'à la fin des anciens manuscrits des coutumes, on trouve d'ordinaire des arrêts de la cour souveraine de Paris.

Ordonnances.

Les ordonnances des rois, qu'on peut connaître par les tables chronologiques de la conférence de Guénois, traitent du droit public, règlent les droits du roi, et le pouvoir des officiers, déterminent des subsides, créent des offices, règlent les procédures et les formalités de justice ; mais il en est peu qui contiennent des règles pour les affaires des particuliers, et des maximes de jurisprudence.

Ainsi l'utilité du droit romain n'était pas moindre que quand on recommença à l'étudier ; car si les ordonnances en ont aboli quelques maximes, elles en ont maintenues d'autres expressément, avec les dispositions des coutumes. Les plus solennelles Ordonnances sont celles qui ont été faites dans les assemblées d'États, comme celles de Moulins et de Blois. Les Parlemens et autres cours souveraines étaient tenus d'enregistrer et de publier tout ce que le roi leur envoyait, sauf à faire ensuite leurs remontrances; auparavant ils pouvaient examiner les Édits, et faire leurs remontrances avant que d'en ordonner la publication.

Voilà ce qui s'est passé depuis quinze siècles sur le sol Français.

Le point le plus frappant du tableau, n'est pas de voir des hommes sans lois, en desirer, en recevoir, en devenir meilleurs; des hommes s'adoucir, se polir à la longue sous les lois et les mœurs romaines, et sous l'empire de la religion, tout en usant des lois qui leur étaient propres; cela est naturel dans l'ordre social. Ce qui est vraiment remarquable, ce sont les inutiles efforts qui ont été faits par les rois de siècle en siècle pour simplifier la législation. Les lois gothiques marchant sur la même ligne que la loi romaine, sont réformées par Childebert et Clotaire, puis par Dagobert, puis par les capitulaires qui prévalurent longtems. Ensuite tout retombe dans un cahos épouvantable; et pendant près de deux siècles, il n'y a plus ni droit romain, ni lois gothiques, ni capitulaires! Les 10 et 11e siècles ne sont que confusion et anarchie! Dans cet état, le Code de *Justinien* venant d'Orient, apparaît comme l'aurore d'un beau jour, comme le calme après la tempête; c'est alors qu'on rassemble à grand frais les débris épars de l'ancien édifice des lois, dont on n'avait presque plus d'idée; et ainsi s'apprêta la rédaction des coutumes et usages. Mais le Code des établissemens, qui est un traité presque complet de droit, mais cette fameuse Ordonnance de Charles VII, en 124 articles, mais le vœu bien prononcé de Louis XI, d'accord en ce point, avec le sentiment des Platon, des Dumoulin, des Philippes de Commines et de tant d'autres, tout cela n'était-il pas le présage certain d'une prochaine amélioration dans la législation? Non, une multitude de coutumes incohérentes sont rédigées et réformées dans le même siècle; elles font disparaître dans tous les lieux de leur empire, les lois antiques, les capitulaires et les établissemens. A la vue de tant de vicissitudes et de variations dans les lois françaises, qui n'admirera pas dans cette même France le droit romain, toujours subsistant, toujours immuable, toujours semblable à lui-même?

L'importance d'une réforme générale dans les lois, se conçoit par les précautions mêmes que prend le gouvernement à cet égard. Il ne s'agit pas de renverser totalement le droit français qui, comme on l'a vu, consiste dans le droit romain, les Coutumes, les Ordonnances des rois, la jurisprudence des Arrêts, et même dans quelques lois générales qui se trouvent comme noyées dans des milliers d'autres que la révolution a fait naître. « En traçant le plan d'une » législation nouvelle, dit éloquemment l'un des rédacteurs du » projet (1), on a dû se prémunir et contre l'esprit de système qui » tend à tout détruire, et contre l'esprit de superstition, de servi- » tude et de paresse qui tend à tout respecter. . . . . . . Jamais » un peuple ne s'est livré à la périlleuse entreprise de se séparer » subitement de tout ce qui l'avait civilisé. . . . . Si depuis » longtems la nation française occupe le premier rang parmi les » peuples policés, elle ne doit encore ne procéder à des réformes » qu'avec de sages ménagemens; elle doit en s'élevant avec la vi- » gueur d'un peuple nouveau, conserver toute la maturité d'un » ancien peuple. . . . . Pourquoi aurions-nous l'imprudence » de répudier le riche héritage de nos pères? . . . . . . On peut » indifféramment porter la faulx dans un champ qui est en friche; » mais sur un sol cultivé, il faut n'arracher que les plantes parasites » qui étouffent les productions utiles. . . . . Les théories nou- » velles ne sont que les systêmes de quelques individus; les maximes » anciennes sont l'esprit des siècles. »

C'est sur ce plan qu'un projet de Code civil est rédigé par des hommes d'un rare mérite, et digne de la confiance du gouvernement. Il veut le soumettre à l'examen de tous les magistrats du premier ordre; il s'empare de leurs observations qu'il pèse religieusement dans sa sagesse,

(1) Discours de *Portalis*, du 3 frimaire an 10 (24 nov. v. st.), où il développe au Corps législatif, l'esprit général dans lequel le projet a été rédigé.

pour

pour discuter les articles du projet dans son conseil d'État, et les modifier en connaissance de cause. Il en expose les motifs au Corps législatif, qui, à son tour en renvoie l'examen au Tribunat : là, une discussion libre, solennelle, approfondie, a lieu ; là, les articles sont adoptés ou rejetés ; dans tous les cas, le Corps législatif n'en prononce lui-même l'adoption ou le rejet, qu'après qu'on a reproduit devant lui les précédentes Discussions.

Il serait difficile sans doute, d'imaginer quelque chose de mieux pour arriver au but qu'on se propose, celui d'une bonne et unique législation.

Eh! bien, c'est ce que nous offrons au public ; le *Code civil, avec l'Analyse des Discussions*, faisant suite à l'*Analyse des observations des tribunaux sur le Projet ;* second vol., même format *in*-4°, grande justification, terminé par une table.

Nous avions d'abord pensé, que nous devions suivre le plan qu'avait adopté l'éditeur du *Procès-verbal des Ordonnances de* 1667 *et* 1670, ouvrage *in*-4°., où se trouve d'abord l'article projeté avec un sommaire ; puis viennent les Conférences des commissaires ; ensuite les résultats ; et enfin l'article, tel qu'il a été arrêté, avec des notes marginales du sommaire des matières discutées.

Nous avons cru devoir choisir une distribution plus simple, moins diffuse, plus intelligible, et qui aura le même but d'utilité. Les articles en projet (1), et ceux décrétés seront sur la même ligne en deux colonnes, avec l'indication des matières, *en titre*.

2°. Ensuite seront les Discussions, lignes plaines. Si la méthode analytique nous permet d'abréger, nous le ferons avec circonspection, pour ne pas nuire au sens des objections ; ce qui ne sera pas

(1) Non du 1er projet, tel qu'il a été offert à l'examen des tribunaux, mais de ce même projet modifié au Conseil d'Etat, d'après toutes discussions sur cet examen.

susceptible d'analyse, nous le donnerons tout entier, et le style même sera respecté ; nous éviterons les redites, ce qui ne sera pas la moindre partie de notre tâche.

Au fond, cet ouvrage n'a pas besoin de recommandation ; chacun sentira la nécessité de connaître plus ou moins les lois de son pays, où, pour la première fois, elles se trouveront simplifiées, mises à la portée de tout le monde, et rassemblées dans un *beau livre*, suivant l'expression de Louis XI, avec les motifs qui en feront connaître l'esprit, même aux ignorans.

Nota. Nous joindrons ici la *Constitution française*, dont il sera souvent parlé dans les Discussions; et parce que le Code y sera nécessairement coordonné.

Chacun des cahiers de l'Ouvrage sera signé de l'*Éditeur*, et déposé à la *Bibliothèque nationale*, pour le garantir des contrefaçons.

CONSTITUTION

DE LA RÉPUBLIQUE FRANÇAISE.

TITRE PREMIER.

De l'exercice des Droits de cité.

ART. 1.er LA République française est une et indivisible.

Son territoire européen est distribué en départemens et arrondissemens communaux.

2. Tout homme né, et résidant en France qui, âgé de vingt-un ans accomplis, s'est fait inscrire sur le registre civique de son arrondissement communal, et qui a demeuré depuis pendant un an sur le territoire de la République, est citoyen français.

3. Un étranger devient citoyen français, lorsqu'après avoir atteint l'âge de vingt-un ans accomplis, et avoir déclaré l'intention de se fixer en France, il y a résidé pendant dix années consécutives.

4. La qualité de citoyen français se perd;

Par la naturalisation en pays étranger;

Par l'acceptation de fonctions ou de pensions offertes par un gouvernement étranger;

Par l'affiliation à toute corporation étrangère qui supposerait des distinctions de naissance;

Par la condamnation à des peines afflictives ou infamantes.

5. L'exercice des droits de citoyen français est suspendu, par l'état de débiteur failli, ou d'héritier immédiat du détenteur, à titre gratuit de la succession totale ou partielle d'un failli;

Par l'état de domestique à gages, attaché au service de la personne ou du ménage;

Par l'état d'interdiction judiciaire, d'accusation ou de contumace.

6. Pour exercer les droits de cité dans un arrondissement communal, il

faut y avoir acquis domicile par une année de résidence, et ne l'avoir pas perdu par une année d'absence.

7. Les citoyens de chaque arrondissement communal, désignent, par leurs suffrages, ceux d'entr'eux qu'ils croient les plus propres à gérer les affaires publiques. Il en résulte une liste de confiance, contenant un nombre de noms égal au dixième du nombre des citoyens ayant droit d'y coopérer. C'est dans cette première liste communale, que doivent être pris les fonctionnaires publics de l'arrondissement.

8. Les citoyens compris dans les listes communales d'un département, désignent également un dixième d'entr'eux. Il en résulte une seconde liste dite départementale, dans laquelle doivent être pris les fonctionnaires publics du département.

9. Les citoyens portés dans la liste départementale, désignent pareillement un dixième d'entr'eux: il en résulte une troisième liste; qui comprend les citoyens de ce département, éligibles aux fonctions publiques nationales.

10. Les citoyens ayant droit de coopérer à la formation de l'une des listes mentionnées aux trois articles précédens, sont appelés tous les trois ans à pourvoir au remplacement des inscrits décédés, ou absens pour toute autre cause que l'exercice d'une fonction publique.

11. Ils peuvent, en même-tems, retirer de la liste, les inscrits qu'ils ne jugent pas à propos d'y maintenir, et les remplacer par d'autres citoyens dans lesquels ils ont une plus grande confiance.

12. Nul n'est retiré d'une liste que par les votes de la majorité absolue des citoyens, ayant droit de coopérer à sa formation.

13. On n'est point retiré d'une liste d'éligibles, par cela seul qu'on n'est pas maintenu sur une autre liste d'un degré inférieur ou supérieur.

14. L'inscription sur une liste d'éligibles, n'est nécessaire qu'à l'égard de celles des fonctions publiques, pour lesquelles cette condition est expressément exigée par la Constitution ou par la loi. Les listes d'éligibles seront formées, pour la première fois, dans le cours de l'an neuf.

Les citoyens qui seront nommés, pour la première formation des autorités constituées, feront partie nécessaire des premières listes d'éligibles.

TITRE II.

Du Sénat conservateur.

15. Le sénat conservateur est composé de quatre-vingt membres, inamovibles et à vie, âgés de quarante ans au moins.

Pour la formation du sénat, il sera d'abord nommé soixante membres : ce nombre sera porté à soixante deux dans le cours de l'an huit, à soixante-quatre en l'an neuf, et s'élevera ainsi gratuitement à quatre-vingt, par l'addition de deux membres en chacune des dix premières années.

16. La nomination à une place de sénateur, se fait par le sénat, qui choisit entre trois candidats présentés, le premier par le corps législatif; le second par le tribunat; et le troisième par le premier consul.

Il ne choisit qu'entre deux candidats, si l'un d'eux est proposé par deux des trois autorités présentantes : il est tenu d'admettre celui qui serait proposé à-la-fois par les trois autorités.

17. Le premier consul sortant de place, soit par l'expiration de ses fonctions, soit par démission, devient sénateur de plein droit, et nécessairement.

Les deux autres consuls, durant le mois qui suit l'expiration de leurs fonctions, peuvent prendre place dans le sénat, et ne sont pas obligés d'user de ce droit.

Ils ne l'ont point quand ils quittent leurs fonctions consulaires, par démission.

18. Un sénateur est à jamais inéligible à toute autre fonction publique.

19. Toutes les listes faites dans les départemens, en vertu de l'article 9, sont adressées au sénat : elles composent la liste nationale.

20. Il élit, dans cette liste, les législateurs, les tribuns, les consuls, les juges de cassation, et les commissaires à la comptabilité.

21. Il maintient ou annulle tous les actes qui lui sont déférés, comme inconstitutionnels par le tribunat ou par le gouvernement : les listes d'éligibles sont comprises parmi ces actes.

22. Des revenus de domaines nationaux déterminés, sont affectés aux dépenses du sénat. Le traitement annuel de chacun de ses membres, se prend sur ses revenus, et il est égal au vingtième de celui du premier consul.

23. Les séances du sénat ne sont pas publiques.

24. Les citoyens *Sieyes* et *Roger-Ducos*, consuls sortans, sont nommés membres du sénat conservateur; ils se réuniront avec le second et le troisième consul nommés par la présente Constitution. Ces quatre citoyens nomment la majorité du sénat, qui se complette ensuite lui-même, et procède aux élections qui lui sont confiées.

TITRE III.

Du Pouvoir législatif.

25. Il ne sera promulgué de lois nouvelles, que lorsque le projet en aura été proposé par le gouvernement, communiqué au tribunat, et décrété par le corps législatif.

26. Les projets que le gouvernement propose, sont rédigés en articles. En tout état de la discussion de ces projets, le gouvernement peut les retirer; il peut les reproduire modifiés.

27. Le tribunat est composé de cent membres, âgés de vingt-cinq ans au moins; ils sont renouvelés par cinquième tous les ans, et indéfiniment rééligibles tant qu'ils demeurent sur la liste nationale.

28. Le tribunat discute les projets de loi; il en vote l'adoption ou le rejet.

Il envoie trois orateurs pris dans son sein, par lesquels les motifs du vœu qu'il a exprimé sur chacun de ces projets, sont exposés et défendus devant le corps législatif.

Il défère au sénat, pour cause d'inconstitutionalité seulement, les listes d'éligibles, les actes du corps législatif et ceux du gouvernement.

29. Il exprime son vœu sur les lois faites et à faire, sur les abus à corriger, sur les améliorations à entreprendre dans toutes les parties de l'administration publique, mais jamais sur les affaires civiles ou criminelles portées devant les tribunaux.

Les vœux qu'il manifeste en vertu du présent article, n'ont aucune suite nécessaire, et n'obligent aucune autorité constituée à une délibération.

30. Quand le tribunat s'ajourne, il peut nommer une commission de dix à quinze de ses membres, chargée de le convoquer si elle le juge convenable.

31. Le corps législatif est composé de trois cents membres, âgés de trente ans au moins ; ils sont renouvelés par cinquième tous les ans.

Il doit toujours s'y trouver un citoyen au moins de chaque département de la République.

32. Un membre sortant du corps législatif, ne peut y rentrer qu'après un an d'intervalle; mais il peut être immédiatement élu à toute autre fonction publique, y compris celle de tribun, s'il y est d'ailleurs éligible.

33. La session du corps législatif commence, chaque année, le 1er frimaire, et ne dure que quatre mois; il peut être extraordinairement convoqué durant les huit autres par le gouvernement.

34. Le corps législatif fait la loi en statuant par scrutin secret, et sans aucune discussion de la part de ses membres, sur les projets de loi débattus devant lui, par les orateurs du tribunat et du gouvernement.

35. Les séances du tribunat et celles du corps législatif sont publiques; le nombre des assistans soit aux unes, soit aux autres, ne peut excéder deux cents.

36. Le traitement annuel d'un tribun est de quinze mille francs; celui d'un législateur, de dix mille francs.

37. Tout décret du corps législatif, le dixième jour après son émission, est promulgué par le premier consul, à moins que dans ce délai, il n'y ait eu recours au sénat pour cause d'inconstitutionnalité. Ce recours n'a point lieu contre les lois promulguées.

38. Le premier renouvellement du corps législatif et du tribunat, n'aura lieu que dans le cours de l'an dix.

TITRE IV.

Du Gouvernement.

39. Le gouvernement est confié à trois consuls nommés pour dix ans, et indéfiniment rééligibles.

Chacun d'eux est élu individuellement, avec la qualité distincte ou de premier, ou de second, ou de troisième consul.

La Constitution nomme PREMIER CONSUL, le citoyen *BONAPARTE*, ex-consul provisoire; SECOND CONSUL, le citoyen *CAMBACÉRÈS*, ex-ministre de la justice; et TROISIÈME CONSUL, le citoyen *LEBRUN*, ex-membre de la commission du conseil des anciens.

Pour cette fois, le troisième consul n'est nommé que pour cinq ans.

40. Le premier consul a des fonctions et des attributions particulières, dans lesquelles il est momentanément suppléé, quand il y a lieu, par un de ses collègues.

41. Le premier consul promulgue les lois; il nomme et révoque à volonté les membres du conseil d'État, les ministres, les ambassadeurs et autres agens extérieurs en chef, les officiers de l'armée de terre et de mer, les membres des administrations locales, et les commissaires du gouvernement près les tribunaux. Il nomme tous les juges criminels et civils, autres que les juges-de-paix et les juges de cassation, sans pouvoir les révoquer.

42. Dans les autres actes du gouvernement, le second et troisième consul ont voix consultative: ils signent le registre de ces actes pour constater leur présence; et s'ils le veulent, ils y consignent leurs opinions; après quoi la décision du premier consul suffit.

43. Le traitement du premier consul sera de cinq cent mille francs en l'an huit. Le traitement de chacun des deux autres consuls est égal aux trois dixièmes de celui du premier.

44. Le gouvernement propose les lois, et fait les réglemens nécessaires pour assurer leur exécution.

45. Le gouvernement dirige les recettes et les dépenses de l'État, conformément à la loi annuelle qui détermine le montant des unes et des autres; il surveille la fabrication des monnaies, dont la loi seule ordonne l'émission, fixe le titre, le poids et le type.

46. Si le gouvernement est informé qu'il se trame quelque conspiration contre l'État, il peut décerner des mandats d'amener et des mandats d'arrêts contre les personnes qui en sont présumées les auteurs ou les complices; mais si, dans un délai de dix jours après leur arrestation, elles ne sont mises en liberté

ou

ou en justice réglée, il y a de la part du ministre signataire du mandat, crime de détention arbitraire.

47. Le gouvernement pourvoit à la sûreté intérieure et à la défense extérieure de l'État; il distribue les forces de terre et de mer, et en règle la direction.

48. La garde nationale en activité est soumise aux réglemens d'administration publique; la garde nationale sédentaire n'est soumise qu'à la loi.

49. Le gouvernement entretient des relations politiques au-dehors, conduit les négociations, fait les stipulations préliminaires, signe, fait signer et conclut tous les traités de paix, d'alliance, de trève, de neutralité, de commerce, et autres conventions.

50. Les déclarations de guerre et les traités de paix, d'alliance et de commerce, sont proposés, discutés, décrétés et promulgués comme des lois.

Seulement les discussions et délibérations sur ces objets, tant dans le tribunat que dans le corps législatif, se font en comité secret quand le gouvernement le demande.

51. Les articles secrets ne peuvent être destructifs des articles patens.

52. Sous la direction des consuls, le conseil d'État est chargé de rédiger les projets de lois et les réglemens d'administration publique, et de résoudre les difficultés qui s'élèvent en matière administrative.

53. C'est toujours parmi les membres du conseil d'État que sont pris les orateurs chargés de porter la parole au nom du gouvernement devant le corps législatif.

Ces orateurs ne sont jamais envoyés au nombre de plus de trois pour la défense d'un même projet de loi.

54. Les ministres procurent l'exécution des lois et des réglemens d'administration publique.

55. Aucun acte du gouvernement ne peut avoir d'effet s'il n'est signé par un ministre.

56. L'un des ministres est spécialement chargé de l'administration du trésor public: il assure les recettes, ordonne les mouvemens de fonds et les paiemens autorisés par la loi. Il ne peut rien faire payer qu'en vertu, 1° d'une loi, et

jusqu'à la concurrence des fonds qu'elle a déterminés pour un genre de dépenses ; 2° d'un arrêté du gouvernement ; 3° d'un mandat signé par un ministre.

57. Les comptes détaillés de la dépense d'un ministre, signés et certifiés par lui, sont rendus publics.

58. Le gouvernement ne peut élire ou conserver pour conseillers d'État, que des citoyens dont les noms se trouvent inscrits sur la liste nationale.

59. Les administrations locales établies soit pour chaque arrondissement communal, soit pour des portions les plus étendues du territoire, sont subordonnées aux ministres. Nul ne peut devenir ou rester membre de ces administrations, s'il n'est porté ou maintenu sur l'une des listes mentionnées aux articles 7 et 8.

TITRE V.

Des Tribunaux.

60. Chaque arrondissement communal a un ou plusieurs juges-de-paix, élus immédiatement par les citoyens pour trois années.

Leur principale fonction consiste à concilier les parties, qu'ils invitent, dans le cas de non-conciliation, à se faire juger par des arbitres.

61. En matière civile, il y a des tribunaux de première instance et des tribunaux d'appel. La loi détermine l'organisation des uns et des autres, leur compétence, et le territoire formant le ressort de chacun.

62. En matière de délits emportant peine afflictive ou infamante, un premier jury admet ou rejette l'accusation : si elle est admise, un second jury reconnaît le fait ; et les juges formant un tribunal criminel, appliquent la peine. Leur jugement est sans appel.

63. La fonction d'un accusateur public près un tribunal criminel, est remplie par le commissaire du gouvernement.

64. Les délits qui n'emportent pas peine afflictive ou infamante, sont jugés par des tribunaux de police correctionnelle, sauf l'appel aux tribunaux criminels.

65. Il y a, pour toute la République, un tribunal de cassation, qui pro-

nonce sur les demandes en cassation contre les jugemens en dernier ressort rendus par les tribunaux ; sur les demandes en renvoi d'un tribunal à un autre pour cause de suspicion légitime ou de sûreté publique ; sur les prises à partie contre un tribunal entier.

67. Le tribunal de cassation ne connaît point du fond des affaires ; mais il casse les jugemens rendus sur des procédures dans lesquelles les formes ont été violées, ou qui contiennent quelque contravention expresse à la loi ; et il renvoie le fond du procès au tribunal qui doit en connaître.

67. Les juges composant les tribunaux de première instance, et les commissaires du gouvernement établis près ces tribunaux, sont pris dans la liste communale ou dans la liste départementale.

Les juges formant les tribunaux d'appel, et les commissaires placés près d'eux, sont pris dans la liste départementale.

Les juges composant le tribunal de cassation, et les commissaires établis près ce tribunal, sont pris dans la liste nationale.

68. Les juges, autres que les juges-de-paix, conservent leurs fonctions toute leur vie, à moins qu'ils ne soient condamnés pour forfaiture, ou qu'ils ne soient pas maintenus sur les listes d'éligibles.

TITRE VI.

De la responsabilité des Fonctionnaires publics.

69. Les fonctions des membres, soit du sénat, soit du corps législatif, soit du tribunat, celles des consuls et des conseillers d'État, ne donnent lieu à aucune responsabilité.

70. Les délits personnels, emportant peine afflictive ou infamante, commis par un membre soit du sénat, soit du tribunat, soit du corps législatif, soit du conseil d'État, sont poursuivis devant les tribunaux ordinaires, après qu'une délibération du corps auquel le prévenu appartient, a autorisé cette poursuite.

71. Les ministres prévenus des délits privés, emportant peine afflictive ou infâmante, sont considérés comme membres du conseil d'État.

72. Les ministres sont responsables : 1° De tout acte de gouvernement,

signé par eux ; et déclaré inconstitutionnel par le sénat ; 2° de l'inexécution des lois et des réglemens d'administration publique ; 3° des ordres particuliers qu'ils ont donnés, si ces ordres sont contraires à la Constitution, aux lois et aux réglemens.

73. Dans les cas de l'article précédent, le tribunat dénonce le ministre par un acte, sur lequel le corps législatif délibère dans les formes ordinaires, après avoir entendu ou appelé le dénoncé. Le ministre mis en jugement par un décret du corps législatif, est jugé par une haute-cour, sans appel et sans recours en cassation.

La haute-cour est composée de juges et de jurés. Les juges sont choisis par le tribunal de cassation, et dans son sein ; les jurés sont pris dans la liste nationale : le tout suivant les formes que la loi détermine.

74. Les juges civils et criminels sont, pour les délits relatifs à leurs fonctions, poursuivis devant les tribunaux auxquels celui de cassation les renvoie après avoir annullé leurs actes.

75. Les agens du gouvernement, autres que les ministres, ne peuvent être poursuivis pour des faits relatifs à leurs fonctions, qu'en vertu d'une décision du conseil d'État ; en ce cas, la poursuite a lieu devant les tribunaux ordinaires.

TITRE VII.

Dispositions générales.

76. La maison de toute personne habitant le territoire français, est un asyle inviolable.

Pendant la nuit, nul n'a le droit d'y entrer, que dans le cas d'incendie, d'inondation, ou de réclamation faite de l'intérieur de la maison.

Pendant le jour, on peut y entrer pour un objet spécial, déterminé ou par une loi, ou par un ordre émané d'une autorité publique.

77. Pour que l'acte qui ordonne l'arrestation d'une personne puisse être exécuté, il faut, 1° qu'il exprime formellement le motif de l'arrestation, et la loi en exécution de laquelle elle est ordonnée ; 2° qu'il émane d'un fonctionnaire à qui la loi ait donné formellement ce pouvoir ; 3° qu'il soit notifié à la personne arrêtée, et qu'il lui en soit laissé copie.

78. Un gardien ou geolier ne peut recevoir ou détenir aucune personne,

qu'après avoir transcrit sur son registre l'acte qui ordonne l'arrestation : cet acte doit être un mandat donné dans les formes prescrites par l'article précédent, ou une ordonnance de prise-de-corps, ou un décret d'accusation, ou un jugement.

79. Tout gardien ou geolier est tenu, sans qu'aucun ordre puisse l'en dispenser, de représenter la personne détenue à l'officier civil ayant la police de la maison de détention, toutes les fois qu'il en sera requis par cet officier.

80. La représentation de la personne détenue ne pourra être refusée à ses parens et amis porteurs de l'ordre de l'officier civil, lequel sera toujours tenu de l'accorder, à moins que le gardien ou geolier ne représente une ordonnance du juge pour tenir la personne au secret.

81. Tous ceux qui, n'ayant point reçu de la loi le pouvoir de faire arrêter, donneront, signeront, exécuteront l'arrestation d'une personne quelconque ; tous ceux qui, même dans le cas de l'arrestation autorisée par la loi, recevront ou retiendront la personne arrêtée, dans un lieu de détention non publiquement et légalement désigné comme tel, et tous les gardiens ou geoliers qui contreviendront aux dispositions des trois articles précédens, seront coupables de crime de détention arbitraire.

82. Toutes rigueurs employées dans les arrestations, détentions ou exécutions, autres que celles autorisées par les lois, sont des crimes.

83. Toute personne a le droit d'adresser des pétitions individuelles à toute autorité constituée, et spécialement au tribunat.

84. La force publique est essentiellement obéissante ; nul corps armé ne peut délibérer.

85. Les délits des militaires sont soumis à des tribunaux spéciaux, et à des formes particulières de jugement.

86. La nation française déclare qu'il sera accordé des pensions à tous les militaires blessés à la défense de la patrie, ainsi qu'aux veuves et aux enfans des militaires morts sur le champ de bataille, ou des suites de leurs blessures.

87. Il sera décerné des récompenses nationales aux guerriers qui auront rendu des services éclatans en combattant pour la république.

88. Un institut national est chargé de recueillir les découvertes, de perfectionner les sciences et les arts.

89. Une commission de comptabilité nationale règle et vérifie les comptes des recettes et des dépenses de la république. Cette commission est composée de sept membres, choisis par le sénat dans la liste nationale.

90. Un corps constitué ne peut prendre de délibération que dans une séance où les deux tiers au moins de ses membres se trouvent présens.

91. Le régime des Colonies françaises est déterminé par des lois spéciales.

92. Dans le cas de révolte à main-armée, ou de troubles qui menacent la sûreté de l'Etat, la loi peut suspendre, dans les lieux et pour le tems qu'elle détermine, l'empire de la Constitution.

Cette suspension peut être provisoirement déclarée dans le même cas, par un arrêté du gouvernement, le corps législatif étant en vacance, pourvu que ce corps soit convoqué, au plus court terme, par un article du même arrêté.

93. La nation française déclare qu'en aucun cas, elle ne souffrira le retour des Français qui, ayant abandonné leur patrie depuis le 14 juillet 1789, ne sont pas compris dans les exceptions portées aux lois rendues contre les émigrés; elle interdit toute exception nouvelle sur ce point.

Les biens des émigrés sont irrévocablement acquis au profit de la république.

94. La nation française déclare, qu'après une vente légalement consommée de biens nationaux, qu'elle qu'en soit l'origine, l'acquéreur légitime ne peut en être dépossédé, sauf aux tiers réclamans à être, s'il y a lieu, indemnisés par le trésor public.

95. La présente Constitution sera offerte de suite à l'acceptation du peuple français.

Fait à Paris, le 22 frimaire an 8 de la république française, une et indivisible.

Signé REGNIER, *président de la commission du conseil des anciens;*
JACQUEMINOT, *président de la commission du conseil des cinq-cents;*
ROUSSEAU, VERNIER, *secrétaires de la commission du conseil des*

anciens; Alex. VILLETARD, FRÉGEVILLE, *secrétaires de la commission du conseil des cinq - cents;* ROGER-DUCOS, SIEYES, BONAPARTE, *consuls;* P.-C. LAUSSAT, FARGUES, N. BEAUPUY, BEAUVAIS, CABANIS, PERRIN (des Vosges), DEPÈRE, CORNET, LUDOT, GIROT-POUZOL, LEMERCIER, CHATRY-LAFOSSE, CHOLET (de la Gironde), CAILLEMER, BARA, CHASSIRON, GOURLAY, PERÉ (des Hautes-Pyrénées), PORCHER, VIMAR, THIESSÉ, BERENGER, CASENAVE, SÉDILLEZ, THIBAULT, DAUNOU, HERWYN, Joseph CORNUDET, P.-A. LALOY, LENOIR-LAROCHE, J.-A. CREUZÉ - LATOUCHE, ARNOULD (de la Seine), GOUPIL - PRÉFELN fils, MATTHIEU, CHABAUD, CRETET, BOULAY (de la Meurthe), GARAT, Emile GAUDIN, LEBRUN, Lucien BONAPARTE, DEVINCK-THIERRY, J.-P. CHAZAL, M.-J. CHÉNIER.

www.ingramcontent.com/pod-product-compliance
Ingram Content Group UK Ltd.
Pitfield, Milton Keynes, MK11 3LW, UK
UKHW020218180726
13838UKWH00005B/2063

9 782329 340791